TIME FOR KIDS

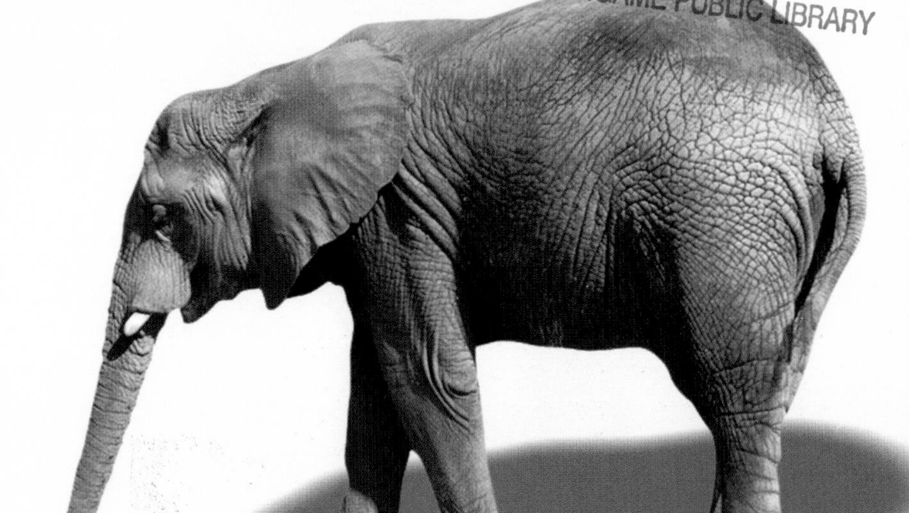

Grande y pequeño

Dona Herweck Rice

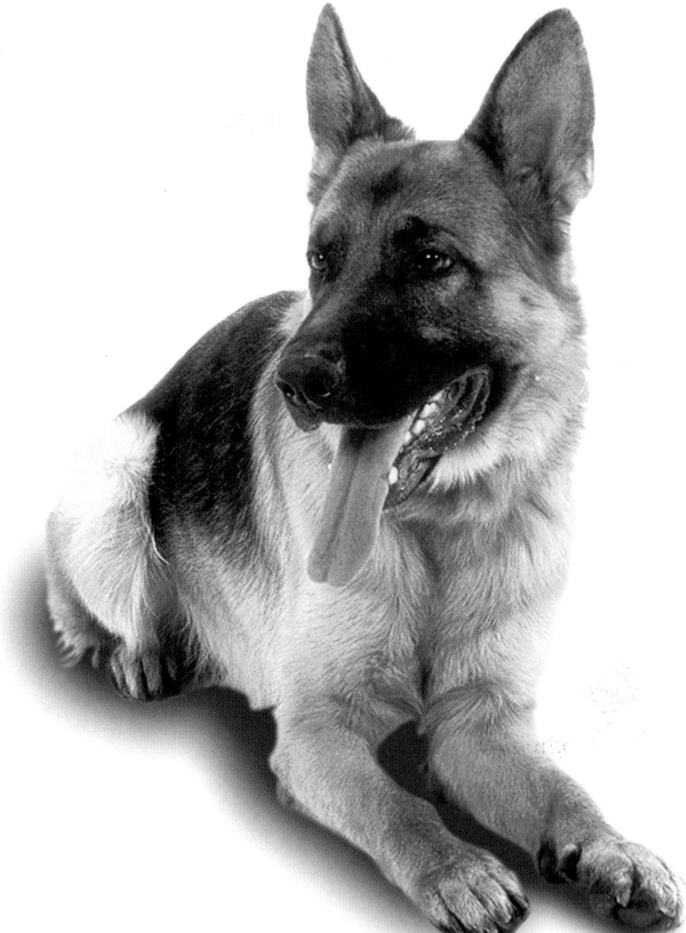

Este es grande.

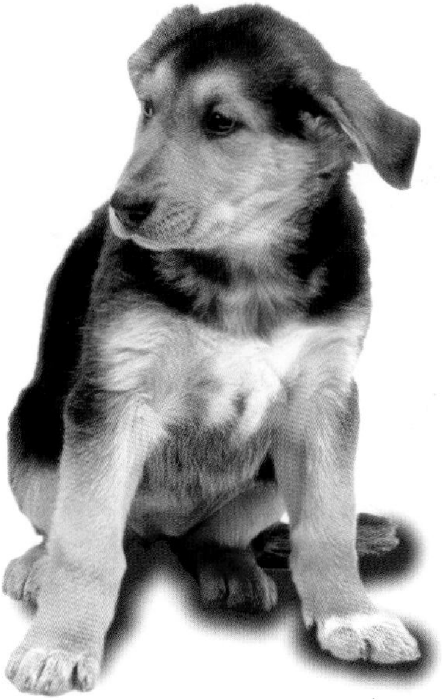

Este es pequeño.

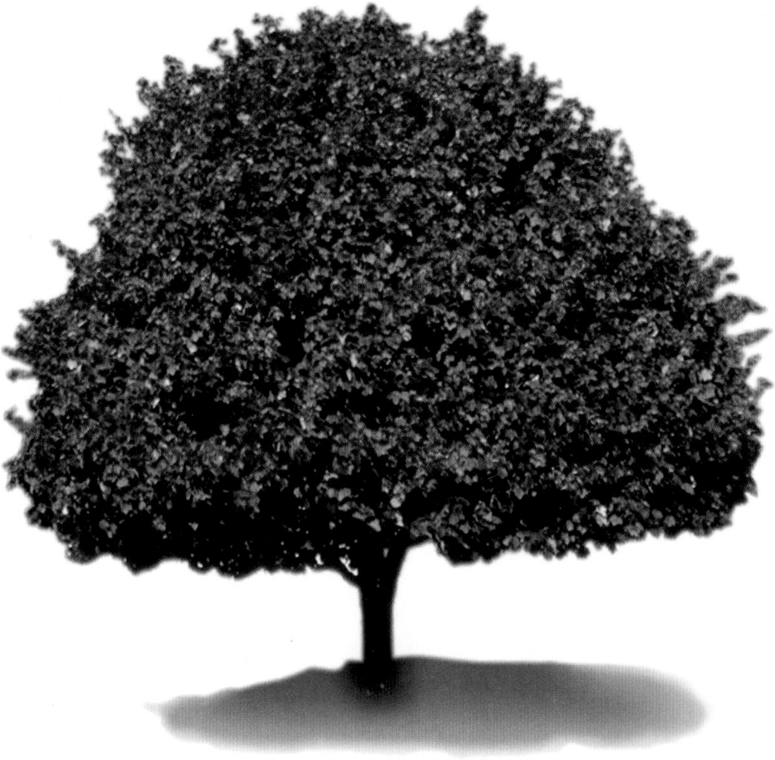

Este es grande.

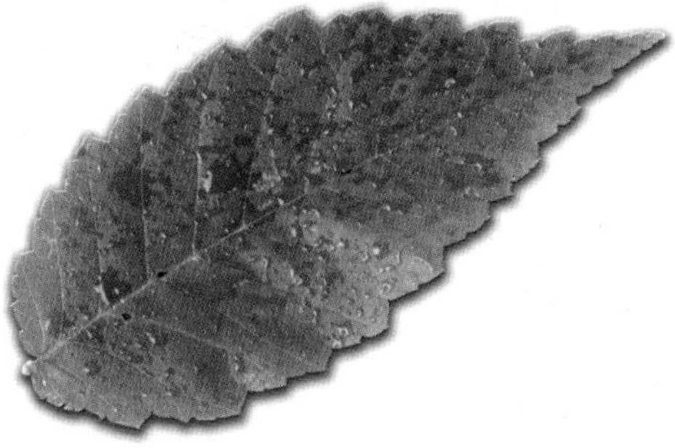

Esta es pequeña.

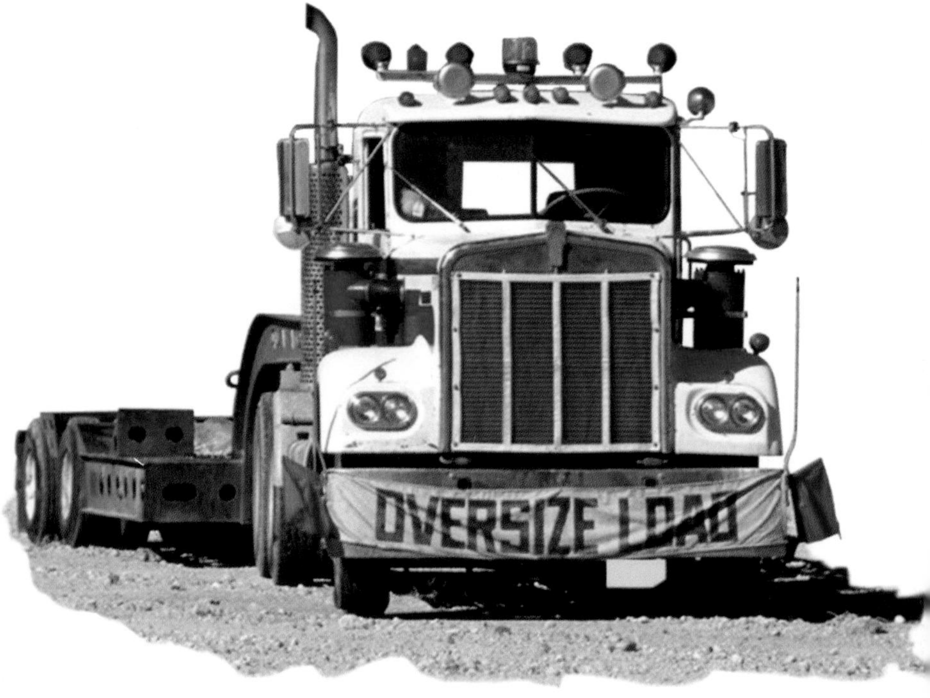

Este es grande.

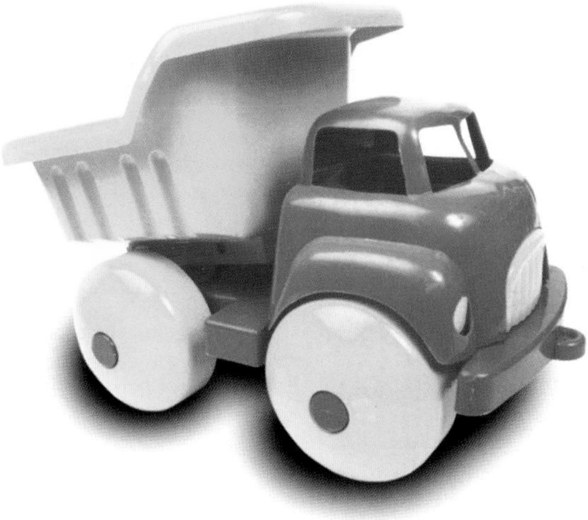

Este es pequeño.

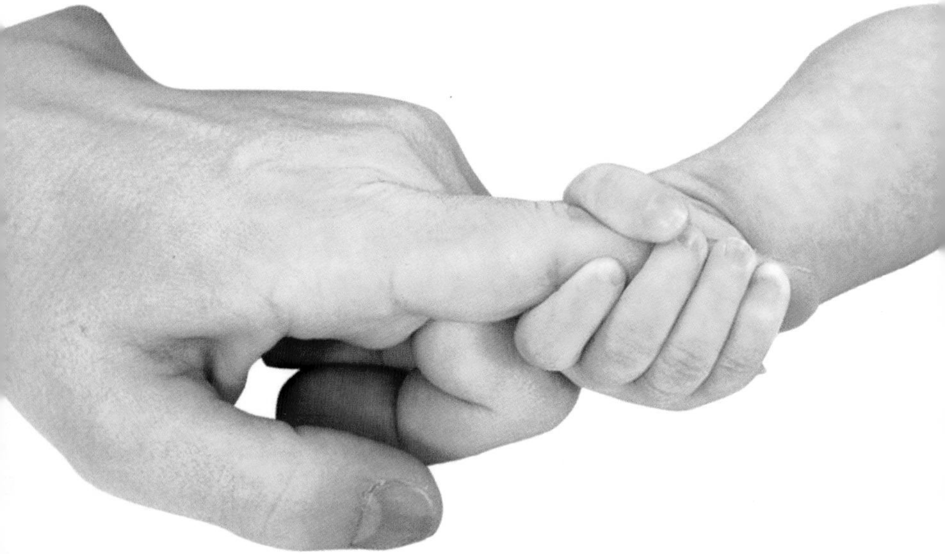

grande y pequeño.